GUYANE FRANÇAISE.

CONSEIL COLONIAL.

SESSION ORDINAIRE DE 1845.

EXAMEN DU PROJET

DE MM. H. SAUVAGE, A. DE St-QUANTIN ET J. LECHEVALIER.

CAYENNE,

IMPRIMERIE DU GOUVERNEMENT.

1845.

CONSEIL COLONIAL.

SESSION ORDINAIRE DE 1845.

Douzième séance , du 31 Mai.

PRÉSIDENCE DE M. RONMY.

MM. Alf. DE St-QUANTIN ,
C. LALANNE , } secrétaires.

Onze membres présents.

M. l'Ordonnateur et M. le Procureur général du Roi occupent les siéges qui leur sont réservés.

. . . .

L'ordre du jour appelle le rapport sur le projet de colonisation de la Guyane française , présenté par MM. *Henry* SAUVAGE , *Adolphe* DE St-QUANTIN et *Jules* LECHEVALIER.

M. VIDAL DE LINGENDES, rapporteur : Lorsque la commission fut nommée, ses membres paraissaient d'accord , et le rapport fut fait. Il n'y eut pas de réunion pour le lire, excepté quelques moments avant la séance d'aujourd'hui. C'est alors que l'opinion d'un des membres fut présentée. Le temps pressait, la commission convint que le membre dissident lirait au Conseil , après le rapport, son opinion. Voilà ce qui explique pourquoi elle n'y a pas été consignée, et quand dans le rapport il sera question de la commission, il faudra entendre la majorité de la commission.

M. VIDAL DE LINGENDES donne lecture de son rapport, conçu en ces termes :

MESSIEURS ,

En 1839, M. *Jules* LECHEVALIER qui voyageait dans les colonies françaises et étrangères, pour faire des études sur leur situation à cette époque, vint à la Guyane française. Frappé de la richesse de cette contrée féconde mais presque déserte, il jeta les bases d'une société pour l'exploitation d'environ 116,000 hectares de terre qui s'étendent de la rive gauche de l'Oyapock aux plaines de Kaw. Une concession provisoire de ces terrains lui fut faite par un décret colonial du 30 mai 1839. Cette concession n'eut pas de suite. M. *Jules* LECHEVALIER, de retour en France , continua cependant à s'occuper d'études sérieuses sur la Guyane et attira sur elle l'attention publique et celle du Gouvernement. Une commission fut même instituée, le 13 janvier 1842 , sur la proposition de M. FAVARD , pour examiner le premier projet de M. *Jules* LECHEVALIER. Cette commission termina ses opérations le 10 juin suivant.

(4)

En janvier 1843 , il se forma une société **entre MM.** *Jules* Lechevalier, Ternaux-Compans et Joly de Lotbinière , pour continuer les études sur la colonisation de la Guyane. La commission dont il a été parlé ci-dessus, après l'examen du projet de société, donna un avis favorable sur ses demandes pour que le Gouvernement lui accordât une subvention.

MM. H. Sauvage et Ad. de St-Quantin étaient eux-mêmes en France en 1843. Justement effrayés de l'avenir des colonies, en général ; frappés surtout de l'état pré-caire de la Guyane , de son défaut de ressources et d'espérances , alors que dans cette terre féconde le petit nombre de travailleurs ne peut lutter et s'accroître en présence de la puissance du climat et de la végétation, ils se demandèrent s'il n'y aurait pas moyen de concilier avec les vues de la politique du Gouvernement, la conservation des intérêts existant à la Guyane et le développement à venir de cette colonie immense, si longtemps sans ressort. Après avoir consulté les modes suivis en France pour associer le patronage financier du Gouvernement à l'industrie privée , après s'être convaincus par l'examen des transactions européennes , que l'association était le principal levier qui développait et fécondait les semences de prospérité agricole et manufacturière, ces deux colons de la Guyane, avec M. *Jules* Lechevalier, ont formulé un projet qui a reçu l'adhésion de M. Favard, délégué de cette colonie.

Ce projet, inconnu quant à ses détails , à la plupart des habitants, fut accueilli d'une espèce de réprobation. On crut y voir une vente sans adhésion de la Guyane française, une spéculation à l'aide de laquelle les banquiers et les agents d'affaires se partageraient les lambeaux de la pauvre colonie. On s'effraya donc, et une prévention défavorable se manifesta contre le projet.

Récemment arrivés dans la colonie, MM. H. Sauvage et Ad. de St-Quantin ont demandé qu'on ne jugeât leur projet, qu'après une appréciation approfondie. Ils ont réclamé du Conseil la nomination d'une commission qui pût examiner ce projet, entendre leurs explications et amener le Conseil à donner son avis sur ce qu'ils avaient fait et sur les bases de leurs propositions. Vous avez adhéré à cette demande, et telle est la mission de la commission dont nous avons à vous soumettre le rapport.

La commission, avant tout, doit déclarer que d'après les pièces nombreuses qui lui ont été communiquées , par MM. H. Sauvage et Ad. de St-Quantin , et les renseignements qu'elle a pris, elle est restée convaincue que ces deux membres du Conseil colonial n'ont été mus dans leurs démarches, que par l'intérêt de la colonie et le dévouement qu'ils lui portent, et que c'est par les mêmes raisons que M. le Délégué de la colonie a donné son adhésion à leurs propositions.

La première question qu'a dû se faire la commission, avant d'aborder l'examen du projet, est celle de savoir s'il y avait lieu . d'arriver à modifier l'état actuel de la colonie et de s'aventurer dans des voies nouvelles qui ne seraient pas sans espérances.

Déjà le Conseil, en 1843, s'est prononcé pour l'affirmative et a résolu plusieurs points qu'il avait à examiner, et qui se rattachent plus ou moins au projet dont la discussion positive lui est maintenant soumise.

En général, les communautés agricoles, immobiles comme le sol, n'aiment pas à hasarder, par des modifications, ce qu'elles possèdent. Attachés à la terre qu'ils cultivent, les hommes ne se séparent qu'avec regret de leurs propriétés circonscrites et individuelles. Le désir de se mouvoir agite peu les propriétaires du sol et ils ne l'abandonnent que lorsqu'il manque pour ainsi dire sous leurs pas. Pour le plus grand nombre, le toit des aïeux, la certitude d'une agriculture bornée, vaut mieux que des spéculations industrielles ou des migrations lucratives. En est-il de même pour les colons? La commission ne le pense pas. Il semble que le souvenir de la patrie d'origine tend à diminuer l'attachement des colons pour leur patrie d'adoption. Ils la quittent avec moins de regret pour la Métropole. Par cela même ils auraient moins de répugnance à englober leurs propriétés individuelles dans une communauté d'intérêts. Et d'ailleurs, leur sort est-il comparable à celui des cultivateurs des contrées douées d'une autre organisation de travail? Ces derniers sillonnent sans inquiétude la terre qui leur appartient, leurs travaux et les fruits qu'ils en obtiennent sont durables comme elle. Mais le colon!.... tourmenté dans son labeur actuel, menacé pour l'avenir de sa propriété elle-même, puisque celle-ci, sans les bras qui la fécondent, n'est qu'une charge. Que lui reste-t-il? Il pense avec douleur qu'en vain il travaille péniblement, qu'en vain il fertilise un sol inculte, élève des usines, plante, aligne des arbres utiles, lorsqu'un moment peut lui arracher tous les fruits de son travail et rendre à la nature sauvage les conquêtes qu'il lui a si difficilement arrachées.

Que si, au contraire, à la place des tempêtes qui le menacent, on assure à cet homme, travaillant presque sans espoir, la quiétude d'un port certain, pourra-t-il hésiter un instant? La commission ne craint pas de le dire, il y aurait presque folie dans un doute quelconque.

Quelles sont, en effet, les bases du projet?

Association des colons; mise en société de toutes leurs propriétés, usines, bâtiments, terres, esclaves, le tout estimé suivant sa valeur intrinsèque.

Garantie par l'État aux colons associés d'un intérêt de 4 p. o|o sur le capital de ces propriétés, pendant 46 ans 324 jours.

Cette garantie, en réduisant l'intérêt à 3 p. o|o, en réservant 1 p. o|o pour l'amortissement, en calculant le 3 p. o|o, comme il l'est actuellement, a plus de 86 francs, et en y ajoutant la différence du change, soit 8 p. o|o, représente 94 p. o|o du capital; soit pour cent mille francs quatre-vingt-quatorze mille francs.

(6)

Quel est donc le propriétaire qui refuserait, dans l'état actuel des choses, 94 p. o[o de son capital ?

On objectera qu'en cultivant eux-mêmes leurs propriétés, plusieurs habitants retirent un intérêt plus considérable de leur capital, intérêt qu'ils peuvent mettre en réserve et capitaliser aussi. Cela peut être vrai; mais avec quelles chances pour l'avenir ? Car, sans rappeler la probabilité d'une émancipation ruineuse, il faut tenir compte de la diminution du capital productif, la population ne se renouvelant pas proportionnellement, parce que, dans l'origine, les adultes introduits dans la colonie ont été de beaucoup supérieurs en nombre aux enfants qui devaient les remplacer successivement. En un mot, dans l'état actuel des choses, le capital des colons est pour ainsi dire moins que viager. Qui oserait dire qu'il vaut mieux qu'un capital à toujours, quoique produisant moins d'intérêts ?

Aussi la commission est convaincue *qu'il n'y a pas un seul propriétaire de la Guyane, possédant quelque chose de réel et de certain, qui, tenu au courant de la situation actuelle des questions coloniales et comprenant bien le projet, ne l'accepte sans balancer.*

Plusieurs objections ont été présentées contre le projet; la première et la plus sérieuse, selon la commission, est celle qui concerne les petits propriétaires. Si leurs intérêts étaient lésés, alors la prévision énoncée par la commission, qu'aucun habitant possédant des droits réels et certains n'hésiterait pas à accepter le projet, ne pourrait s'appliquer aux petits propriétaires. La commission toutefois estime qu'ils ont le même intérêt que les grands propriétaires à transformer leurs propriétés actuelles.

On dit que ces petits propriétaires vivent eux et leurs familles sur leurs propriétés; que la rente qu'on leur donnerait sur un faible capital ne serait pas aussi avantageuse pour eux que tout ce qu'ils retirent, en nature, de leurs habitations. Par suite de l'adoption du projet, quel sera leur sort? Ils seront dépossédés, errants, dissiperont les intérêts ou le faible capital qu'ils retireront de l'association, ou bien seront forcés de s'exiler.

Il faudrait d'abord avoir visité l'intérieur des petits propriétaires pour savoir comment ils vivent ; sans *confort*, sans le nécessaire même, la plupart du temps ils sont entourés de privations. Ils supportent cette existence sobre et modeste avec résignation. En calculant en détail ce qu'ils produisent et ce qu'ils dépensent, on se convaincra que la rente qu'ils recevront de leur capital mis dans l'association, équivaudra à ce qu'ils peuvent dépenser actuellement. Le plus grand nombre ne sera pas dépossédé. L'association n'aura pas besoin de la majeure partie des propriétés exiguës. Moyennant un très-faible fermage on laisserait les petits établissements à leurs anciens possesseurs qui pourraient y continuer leurs exploitations agricoles avec des engagés, au lieu d'esclaves. D'autres réaliseraient leur capital pour se livrer à de nouveaux genres d'industries. Quelques-uns accoutumés à une existence frugale se contenteraient de toucher leurs rentes. Enfin un grand nombre trouverait à s'employer dans le sein d'une association qui jetterait des capitaux dans la colonie et aurait besoin d'agents acclimatés. Voilà pour les petits propriétaires.

On ajoute encore qu'il faut considérer quelle serait la position des débiteurs dans la colonie, par suite de l'adoption du projet. Avec la tolérance de leurs créanciers, ils vivent aussi. Si tout ce qu'ils produisent s'évanouit dans les accroissements périodiques de leurs dettes, on leur laisse prendre au moins ce qu'il faut pour l'entretien et la subsistance de leurs familles. Que deviendraient-ils quand ils seront en présence d'une liquidation générale et funeste ?

Mais le sort des débiteurs ne sera pas changé. En butte aux poursuites actuelles de leurs créanciers, ils ne jouissent que d'un repos précaire. L'expropriation existe dans la colonie ; on peut l'employer, et elle est quelquefois mise à exécution. Il est au contraire très-probable que si le projet était adopté et mis en œuvre, de nombreuses transactions permettraient à la plupart des débiteurs de conserver quelques débris de leurs fortunes, parce que leurs créanciers, contents de recevoir à la fois une grande partie de leurs créances, seraient plus traitables. Des conditions préalables pourraient même être proposées aux créanciers. Les débiteurs trouveraient en outre à exercer leurs industries dans une colonie développée. Pourrait-on d'ailleurs mettre avec succès une possession précaire et pour ainsi dire négative, en regard de la conservation de la propriété réelle et positive ?

Une réponse péremptoire est au surplus toujours prête contre les objections relatives à l'intérêt des petits propriétaires et des débiteurs insolvables. La petite propriété diminue chaque jour de valeur, par ses pertes successives. Les débiteurs qui doivent plus qu'ils n'ont voient le gage de leurs créanciers s'amoindrir aussi et leurs dettes presque toujours s'accroître. Enfin la solution des questions qui menacent les colonies peut les placer, à une époque plus rapprochée qu'on ne le croit, dans une situation bien plus critique que celle qu'ils trouveraient par suite de l'adoption du projet.

D'autres objections ont été faites contre le projet. On prétend que les ouvriers n'auront plus les moyens d'exercer leurs professions. Les entrepreneurs aussi, dit-on, seront privés de leurs industries ; les propriétés de ville n'auront plus que très-peu de valeur.

Il est facile de combattre ces appréhensions.

Les ouvriers auront d'autant plus de travail que la population et l'industrie de la colonie s'accroîtront davantage. L'association formera de grands établissements et n'aura pas besoin seulement de ses propres ouvriers. Les usines prendront en extension ce qu'elles perdront en quantité. La commission est donc convaincue que le sort des ouvriers ne pourra que gagner à l'exécution du projet.

Les entrepreneurs industriels sont en petit nombre. L'extension des usines, comme pour les ouvriers isolés, ne pourra que donner plus de travail, également aux premiers. Dans l'estimation de la propriété des entrepreneurs, on aurait égard d'ailleurs à la valeur réelle et industrielle dont ils seraient dépossédés.

Quant aux propriétés de ville, si, comme tout porte à le croire, l'association et la colonisation augmentent la population, on doit être assuré que les maisons, les magasins, les terrains acquéreront d'autant plus de valeur qu'il y aura plus de travailleurs et de consommateurs.

Qu'on se pénètre bien de cette vérité, c'est que la commission n'entend pas qu'un monopole universel soit le privilège de l'association. Celle-ci aura de vastes exploitations, des rapports commerciaux étendus; mais l'accroissement de la population libre, laissera son cours à l'existence des industries plus restreintes.

La commission croit avoir répondu, en peu de mots, aux principales objections qui ont été faites contre le projet. Dans le cours de la discussion, elle s'efforcera de les écarter plus en détail, s'il y a lieu, et de combattre celles qui seraient encore présentées.

Telles sont les opinions de la commission sur les observations présentées contre le projet, en ce qui touche la colonie. Mais on a élevé des doutes sur les intentions du Gouvernement, quant à l'examen ou l'adoption de ce même projet ; ce sont ces doutes qu'il reste à détruire.

Nous ne rappellerons pas la correspondance qui a été mise sous les yeux de la commission par MM. H. Sauvage et Ad. de St-Quantin. Cette correspondance n'est qu'un préliminaire; elle établit toutefois que le Gouvernement et des hommes politiques considérables ont vu le projet avec intérêt et que sa prise en considération définitive n'a pas été repoussée. (Dépêche ministérielle du 28 août 1844.)

Au fond, le Gouvernement a appelé les colonies à lui indiquer le *meilleur système d'émancipation à adopter* : M. le Ministre des affaires étrangères, avec sa parole grave et puissante, a déclaré que *la France avait à s'occuper de deux grandes colonisations, l'Algérie et la Guyane*; ainsi c'est l'impulsion du Gouvernement que les auteurs du projet ont suivie. C'est une émancipation à essayer avec le concours des colons et qui par cela même a plus de chances de succès. Le Gouvernement craindrait-il la dépense à faire pour atteindre ce but? mais il a solennellement promis qu'une indemnité préalable serait la condition de l'émancipation; et on ne lui demande pas une dépense réelle et immédiate, mais une garantie éventuelle. Cette garantie, redouterait-il de la supporter en définitive? Mais qu'elle est-elle ? 4 p. o/o du capital, pendant un espace de temps très-court relativement à la durée d'une nation. Or, le capital actuel de la Guyane donne un intérêt supérieur à celui de 4 p. 0⁄0. Le Gouvernement pourra-t-il appréhender que ce dernier intérêt de 4 p. 0⁄0 ne sera pas atteint par la colonie? Il ne saurait élever un pareil doute dans la conscience de ses doctrines. Il ne veut pas ruiner les colonies par l'émancipation. Il pense donc que le travail libre pourra remplacer en quelque sorte le travail esclave, et il devrait avoir encore plus d'espoir à cet égard, quand une augmentation de population comblera le déficit des travailleurs. La commission le répète donc, le Gouvernement abdiquerait ses propres doctrines s'il repoussait le projet en alléguant, qu'avec l'association, le travail libre ne donnerait qu'un revenu beaucoup inférieur à celui du travail esclave.

Mais quand il veut, comme l'a déclaré M. le Ministre des affaires étrangères, ouvrir à la Guyane le foyer extensif d'une grande colonisation, quel moment plus opportun? Il baserait cette colonisation sur des idées humaines et généreuses, et à côté de l'affranchissement, il pourrait espérer voir s'élever progressivement une grande colonie d'exploitation et de consommation pour les produits métropolitains.

Le Gouvernement ne saurait donc repousser l'examen et l'adoption du projet.

Ainsi, en résumé, les grands intérêts, les intérêts généraux de la colonie réclament l'adoption du projet; les intérêts moins étendus, qu'on prétend devoir être lésés par cette adoption, n'en souffriront pas. Le Gouvernement, enfin, ne peut le repousser, tant à cause de ses principes déclarés sur la question de l'émancipation, qu'à cause de l'impulsion qu'il veut donner à la colonisation de la Guyane, dans la vue de l'extension du commerce métropolitain.

Ah! si avec les volontés politiques qui nous gouvernent, la conservation de l'état actuel des colonies était possible, nous pourrions concevoir encore qu'on se bornât à le maintenir et qu'on préférât le calme présent, avec ses misères, à un avenir inconnu. Mais pourquoi s'abuser encore? Pour déterminer vos convictions, comme le puissant orateur qui dans la plus grande assemblée de la France faisait apparaître le fantôme de la banqueroute, la commission n'a plus qu'à évoquer devant vous la ruine, la ruine menaçante qui est à vos portes, soit qu'elle arrive par une émancipation immédiate qui tuerait le travail, soit qu'elle vienne plus lentement, mais d'une manière aussi certaine, par des démembrements successifs des droits de propriété qui rendraient l'exercice de ces droits impossible. Et, en présence de ces malheurs, on vous offre un avenir certain, basé sur une libération généreuse..... Choisissez !.......

Par ces motifs, la commission croit devoir vous soumettre la proposition suivante :

Le Conseil considérant que le Gouvernement a invité les colons à lui indiquer le meilleur système d'émancipation ;

Qu'il a déclaré par un de ses puissants organes qu'il y aurait lieu de s'occuper de la colonisation de la Guyane française ;

Que cette grande colonie, faute de bras et de moyens, ne peut que se perpétuer dans une longue enfance ;

Qu'un avenir incertain et presque sans espoir menace toutes les colonies, en général ; que celle de la Guyane, même dans l'état actuel, n'a pas de chances de durée et à plus forte raison d'accroissement ;

Que le meilleur système d'émancipation est celui qui, comme le projet, aura lieu avec le concours des colons, en substituant le faisceau des ressources de l'association à des efforts sans succès, parce qu'ils sont isolés ;

Est d'avis, que sans s'occuper de la forme de l'association et du mode de travail et d'administration qui la suivront, forme et mode qui seront réglés par les colons intéressés dans l'association, avec le concours du Gouvernement,

Il y a lieu de prier le Gouvernement du Roi de prendre en sérieuse considération et de présenter à l'adoption des colons, le projet de MM. *Henry* SAUVAGE, *Adolphe* DE St-QUANTIN et *Jules* LECHEVALIER, auquel a adhéré M. le Délégué de la Guyane française, sur les bases uniques et invariables suivantes :

Les propriétaires de la Guyane s'associeraient entre eux, sous le patronage du Gouvernement, et formeraient une compagnie.

Le plan d'organisation et les règlements de la compagnie seraient débattus et arrêtés par les propriétaires associés, de concert avec le Gouvernement.

La compagnie s'administrerait par elle-même, sous la surveillance du Gouvernement.

Les esclaves de la compagnie seraient libérés, mais ils resteraient soumis pendant une période de quinze années, plus ou moins, à un règlement de travail établi par la compagnie, avec le concours du Gouvernement.

Les propriétés de chacun des associés, *terres, usines et esclaves,* entreraient dans la formation du capital de la compagnie, au prix d'une estimation faite contradictoirement entre le Gouvernement et les colons.

L'État garantirait à la compagnie, sur la somme totale desdites propriétés mises en société, un minimun de revenu net de 4 p. o|o, pendant

46 ans et 324 jours, équivalent à un revenu net de 3 p. o[o, à perpétuité.
(Cette garantie peut être réalisée en capital au-dessus du prix de 80 p. o[o,
valeur à Paris, ou 88 p. o[o, valeur à Cayenne.)

L'État donnerait la même garantie sur une somme égale en valeur au
quart de la précédente, pour donner à la compagnie les moyens de former
un fonds de roulement et d'exploitation et de couvrir les dépenses d'amé-
lioration et de recrutement.

La compagnie étant constituée, centraliserait ses moyens d'action sur
les terres les plus fertiles et dans les localités les plus favorables; elle
améliorerait et augmenterait les cultures, l'exploitation des denrées et des
bois, l'élève des bestiaux, etc. Elle introduirait à la Guyane de nouveaux
travailleurs, des machines et des appareils perfectionnés. Enfin elle dévelop-
perait, autant que possible, les ressources qu'offre le pays.

. . . .

Le membre dissident de la commission donne lecture, en ces termes, de
son opinion sur le projet de colonisation:

Le Conseil colonial est-il compétent pour traiter cette question? Ce serait là un
premier point à examiner, mais le supposant résolu affirmativement, voici les raisons
de la minorité de la commission :

Le projet de la compagnie des habitants de la Guyane française a pour base la
promesse à obtenir du Gouvernement français de servir 4 p. o[o par an de la valeur
de nos propriétés, pendant 46 ans et 324 jours; promesse équivalent à celle d'un
intérêt de 3 p. o[o, à perpétuité, dont le cours moyen en France est de 80 p. o[o, ou
88 p. o[o, valeur à Cayenne.

Assurément, pour les grands propriétaires, non endettés, cette combinaison est
excellente; elle est excellente aussi pour ceux qui, ayant une profession qui les ferait
vivre partout, préfèrent transporter en France leur petit capital colonial, plutôt que
de rester dans la colonie; les uns et les autres n'accèdent donc au projet qu'afin de
pouvoir fuir la Guyane.

Les habitants obérés repoussent le projet, parce que dans, l'état actuel des choses,
ils vivent avec leurs familles sur leurs habitations et que leurs créanciers, par l'effet
des lois qui protègent la propriété immobilière, se contentent de recevoir les intérêts
de leurs créances ou de simples à-comptes; dès que les propriétés de ces habitants
obérés auront été converties en valeurs mobilières, elles seront saisies et ces habitants
se trouveront privés de la ressource qui actuellement les fait vivre. Or, ces hommes
forment la majorité des propriétaires; ce sont aussi les colons les plus ardents au

travail ; leur état de gêne, les poursuites inévitables de leurs créanciers, au cas où ils se laisseraient aller à l'incurie , sont les aiguillons qui les excitent , c'est là ce qui soutient leur courage ; la réalisation du projet les jettera dans la misère et le désespoir.

Les petits propriétaires, liquides on non, repoussent également le projet parce qu'ils trouvent en nature l'existence sur leurs propriétés. Ils y logent sous un carbet en paille ; la chasse, la pêche, la culture des plantes nourricières , assurent leur existence et celle de leurs familles; convertissez ce capital en numéraire, servez leur 3 p. o[o, et ils seront réduits à mourir de faim.

Aucun homme, connaissant le pays, ne peut mettre ces faits en doute ; nous en concluons , en nous servant des expressions mêmes des auteurs du projet, que la majorité de nos compatriotes , en nombre de personnes et en chiffre de propriétés , refusent leurs adhésions au projet.

Ajoutons à ces considérations que beaucoup de colons craignent, malgré la garantie du Gouvernement, que les agioteurs ne parviennent à déprécier les actions de la compagnie, en se fondant sur l'origine même de ces actions, et ne les rachètent à vil prix des colons eux-mêmes, complétement étrangers aux combinaisons si variées, si compliquées de l'agiotage. D'autres regardent comme dangereuse l'initiative du Conseil, sur une mesure qui a pour but l'émancipation des esclaves; ils craignent de voir une telle concession acceptée sans l'acceptation entière des conditions qui sauve-gardent leurs intérêts.

Par ces raisons, le Conseil doit rendre hommage aux efforts, à la bonne volonté des personnes qui ont imaginé le projet, mais il doit déclarer en même temps qu'il ne peut l'appuyer,

1° Parce que les partisans du projet sont le petit nombre des propriétaires riches et liquides qui n'y voient qu'un moyen de déserter la colonie;

2° Parce que le projet convertit la fortune immobilière de la plupart des habitants en valeurs mobilières saisissables , ce qui équivaut à une expropriation en masse;

3° Parce que les petits propriétaires préfèrent les avantages, en nature, qu'ils tirent de leurs habitations, à l'intérêt de leurs prix de vente insuffisant à leurs besoins.

Quelques membres demandent à ce qu'il soit passé à la discussion immédiate.

Un membre dit qu'il est impossible de discuter sur une matière aussi grave, après la simple lecture du rapport. Il propose d'en faire faire une copie pour chaque conseiller et de renvoyer la discussion à plus tard.

Après un débat sans importance, la discussion est renvoyée à la pro-chaine séance qui est fixée à mardi, 3 juin.

Treizième séance, du 3 Juin.

Présidence de M. Ronmy.

MM. Alf. de St-Quantin, }
C. Lalanne, } secrétaires.

Dix membres présents.

M. l'Ordonnateur et M. le Procureur général du Roi occupent les siéges qui leur sont réservés.

. . . .

M. le Président annonce que l'ordre du jour est la discussion sur le projet de MM. H. Sauvage, Ad. de St-Quantin et J. Lechevalier.

Il invite M. Ad. de St-Quantin, vice-président, à prendre le fauteuil, et quitte la salle des délibérations, avec trois autres membres du Conseil.

M. Ad. de St-Quantin, ayant remplacé M. le Président, déclare qu'il doit parler sur la question et ne peut conserver la présidence; il invite M. Couy, doyen des conseillers présents, à occuper le fauteuil.

M. Couy vient, en conséquence, s'asseoir au bureau.

M. le Président prend la parole en ces termes :

Messieurs, l'art. 16 de la loi constitutive des Conseils coloniaux, exige pour que les délibérations soient valables, que la moitié plus un du nombre total des conseillers, y ait concouru (*neuf* pour la Guyane française); mais cette loi n'interdit point la discussion, même au-dessous de ce nombre, lorsque le Conseil est légalement réuni, comme il l'est en ce moment.

Les Chambres législatives, en France, discutent de même, et leurs procès-verbaux sont adoptés d'ordinaire, en présence d'un très-petit nombre de membres. Le Conseil a d'ailleurs plusieurs précédents, entre autre celui constaté par le procès-verbal de la séance du 5 juillet 1839, conçu en ces termes :

« M. C. Martin, président.

» MM. Lemaitre, }
» Gibelin, } secrétaires.

» Huit membres présents.

» M. le Président ouvre la séance.

» MM. de Lagrange, Lalanne et Malin sont retenus pour cause de » maladie, mais attendu que l'ordre du jour indique un projet sur » lequel le Conseil n'est appelé à donner qu'*un simple avis*, il est passé » outre à la délibération. »

Un membre ayant demandé la parole, s'exprime ainsi :

Messieurs, dans la session ordinaire de 1843, le Conseil, saisi par son Délégué du projet de colonisation sur la Guyane, de MM. TERNAUX-COMPANS, JOLY DE LOTBINIÈRE et *Jules* LECHEVALIER, reconnu sa compétence, et nomma dans sa séance du 18 avril, une commission de cinq membres, dont j'eus l'honneur de faire partie, afin d'examiner ce projet et lui faire un rapport.

Cette commission composée en outre de MM. VIDAL DE LINGENDES, SENEZ, C. MARTIN, Alf. DE St-QUANTIN, rapporteur, s'étant réunie plusieurs fois et ayant examiné mûrement le plan proposé, résuma son opinion dans une série de dix-neuf questions qui furent résolues par elle. Ces questions et réponses étaient les suivantes :

1ʳᵉ *Question :* Dans l'état actuel de la question coloniale, convient-il à la colonie de la Guyane française, de s'occuper d'un plan d'association qui a pour base principale, en cas d'émancipation des esclaves, le remboursement intégral de la propriété coloniale et l'agrandissement agricole et industriel indéfini du pays ?

Oui.

2ᵐᵉ *Question :* Y aurait-il avantage pour les propriétaires de la Guyane à faire partie d'une association dans laquelle ils pourront vendre leurs propriétés, esclaves, usines et terres, pour un prix débattu équivalent à la valeur réelle ?

Oui, il y aurait avantage pour la grande majorité des colons.

3ᵐᵉ *Question :* L'association doit-elle être volontaire ou forcée ?

L'association doit être volontaire, quant aux colons.

4ᵐᵉ *Question :* Si l'association doit être volontaire, quant aux propriétaires, doit-elle être forcée pour l'association, en ce sens que tout propriétaire devra y être admis, s'il l'exige ?

L'association, volontaire pour les habitants, doit être obligatoire pour la société.

5ᵐᵉ *Question :* Dans cette hypothèse, quel délai sera accordé aux propriétaires retardataires, à dater de l'établissement de l'association, pour faire connaître leur adhésion ?

Le droit qu'auront les propriétaires de forcer la société à les recevoir comme actionnaires durera deux ans.

6me *Question :* Comment l'association serait-elle formée ?

La Guyane ne consentira à aucune association qui n'aurait pas pour base le remboursement intégral de la valeur du fonds et des noirs qui composent les propriétés. Ce remboursement devrait avoir lieu, soit en numéraire, soit en actions portant intérêt garanti à perpétuité par l'État, négociables, librement sans intermédiaires ni contrôle, tant dans les colonies qu'en Europe.

7me *Question :* Un capital de 60,000,000 est il suffisant ?

Oui, le capital de 60,000,000 est suffisant pour acquérir les propriétés actuelles et entrer largement dans les voies du progrès.

8me *Question:* 40,000,000 de ce capital seraient-ils suffisants pour payer toutes les propriétés coloniales à placer dans l'association ?

Oui.

9me *Question :* Quel serait le but de l'association ?

L'association développera les établissements actuels, en créera de nouveaux, concentrera les forces, développera les productions, créera des centres de consommation.

10me *Question:* Faudra-t-il conserver les établissements existants ?

Les propriétés dans de bonnes conditions seront conservées. Celles qui ne pourraient être utilisées immédiatement seront abandonnées. Les propriétés actuelles sont considérées comme des points de départ indispensables qui permettront d'éviter bien des études et des écueils.

11me *Question:* Pourra-t-on employer des hommes d'origine européenne dans la colonisation ?

Non, dans les travaux de grande culture ; oui, dans un grand nombre d'industries accessoires.

12me *Question :* Faudra-t-il faire venir des engagés d'Afrique ou des Indes orientales ?

Il faut en faire venir le plus possible ; c'est la question vitale de la colonisation.

13me *Question :* Faudra-t-il établir des hattes dans le territoire au sud de l'Oyapock ?

Oui, c'est une industrie productive, et pour laquelle on pourra utiliser même des blancs.

14me *Question :* Les habitants actuels resteront-ils en partie dans la colonie ?

Quelques propriétaires dans une position privilégiée pourront réaliser et quitter la colonie. Le plus grand nombre restera et pourra être fort utile à la compagnie qui trouvera en eux des agents acclimatés et connaissant le pays.

15me *Question :* Quel sera le sort des domestiques ?

Les propriétaires devront être libres de les garder ou de les comprendre dans la vente. La plupart des maîtres les garderont.

16me *Question :* Quel sera le sort des ouvriers de ville ?

Les ouvriers libres trouveront certainement plus d'ouvrage dans une colonie en progrès que dans un pays ruiné ou languissant.

17me *Question :* Quel sort auront les propriétés de ville ?

Elles resteront ce qu'elles sont ; la société n'étant pas obligée de les acquérir, leur valeur actuelle ne peut qu'augmenter en présence du développement nouveau que prendra la population.

18me *Question :* L'association pourrait-elle espérer de grands bénéfices en introduisant à la Guyane des travailleurs indiens ou africains en grand nombre et soumis à un règlement de travail ?

Si la société réunit le capital suffisant et conduit sagement les opérations d'immigration, elle peut espérer de grands bénéfices.

19me *Question :* Est-il nécessaire de faire des études préparatoires sur le climat, les produits, les cultures, etc., etc. ?

Quant aux colons actuels, ces études seraient inutiles ; le pays et ses immenses ressources sont parfaitement connus ; avec des capitaux et des bras on peut donner immédiatement à la colonie de la Guyane française une grande importance.

M. Alf. DE St-QUANTIN fit son rapport au nom de la commission dans la séance du 17 mai 1843 ; le Conseil en adopta les conclusions.

Je partis pour France à cette époque et connaissant, par ce qui s'était passé, les intentions du Conseil, je m'empressai, dès mon arrivée, de m'entendre avec mon collègue, M. Ad. DE St-QUANTIN, qui m'avait précédé en Europe. Il m'apprit que la société TERNAUX-COMPANS et Cie n'avait pu encore réaliser sa combinaison, qui était la constitution d'une compagnie de capitalistes assez riches pour désintéresser tous les propriétaires de la Guyane et se mettre à leur lieu et place.

Nous reconnûmes bientôt, outre l'énorme difficulté de cette opération, qu'il y aurait, en cas de succès, un véritable danger à craindre pour les colons obérés. En effet, une compagnie financière aurait pu traiter à vil prix de leurs créances et les contraindre d'accepter les conditions les plus dures. Nous comprîmes également que la combinaison la plus simple et qui évitait tout danger, était une association entre les colons eux-mêmes.

Toutefois, avant de donner aucune suite à cette idée, nous prîmes des renseignements aux sources les plus certaines pour savoir s'il ne serait pas possible, tout en conservant l'état actuel des choses, d'obtenir des engagés africains qui, employés simultanément avec nos esclaves, auraient pu redonner de la vie à nos cultures.

Nous fûmes bientôt fixés à cet égard. La politique de la France, par rapport à son alliée l'Angleterre, ne lui permet point une pareille mesure qui serait considérée par les abolitionnistes, tant français qu'anglais, comme la traite déguisée.

Aucun espoir ne pouvait être conservé sur ce point.

Nous prîmes alors les informations les plus précises sur l'état de la question d'émancipation que quelques personnes prétendaient assoupie. Nous reconnûmes que c'était une profonde erreur et que si les débats à ce sujet avaient moins de retentissement, cette question n'avançait pas moins sûrement vers sa solution.

Plus tard, nous eûmes la preuve que nous ne nous trompions pas. Nous entendîmes les paroles solennelles prononcées par M. le Ministre des affaires étrangères, annonçant à la tribune de la Chambre des Députés, que le Gouvernement français voulait et ferait bientôt l'émancipation; la loi présentée l'an dernier, à la Chambre des Pairs, et sans doute votée à cette heure, ne permet plus à cet égard le moindre doute.

3

En présence de ces faits, nous eûmes à réfléchir sur la question de savoir si l'intérêt de la Guyane était de persister dans le système de résistance où elle s'était maintenue jusqu'alors avec les autres colonies, ou si le moment n'était pas venu pour elle de se prêter à un essai qui permît au Gouvernement l'étude de l'émancipation, avant de l'appliquer aux autres possessions françaises, en même temps que cette expérience donnerait un développement considérable à la colonisation de la Guyane, aujourd'hui en décroissance rapide. A nos yeux, l'intérêt de la Guyane était évident pour entrer dans cette voie nouvelle, car sa position si différente de celles des Antilles et de Bourbon ne lui permet pas même de subir le *statu quo*, qui, au contraire, est avantageux à celles-ci.

Dès lors, il ne s'agissait plus que de trouver une combinaison qui conservât aux propriétaires actuels, le capital engagé: nous la trouvâmes dans la garantie accordée par l'État, à la ligne du chemin de fer d'Orléans.

M. le Directeur des colonies nous ayant invités à nous réunir à M. *Jules* Lechevalier, dont les projets étaient à l'examen, tant à la Guyane qu'au Ministère de la marine, nous travaillâmes en commun à formuler les propositions qui sont en ce moment soumises au Conseil. Je dois dire ici, que s'il s'est élevé dans la colonie quelques préventions contre notre collaborateur, elles sont injustes et mal fondées. C'est un homme de grande capacité qui s'est dévoué depuis longtemps à la défense des intérêts coloniaux et spécialement de la Guyane.

M. le Délégué de la Guyane, en s'appuyant sur les actes antérieurs du Conseil, donna son adhésion officielle et motivée à notre travail qui fut soumis au Gouvernement du Roi.

Tels sont, en résumé, les faits que je devais faire connaître au Conseil, avant d'entrer dans la discussion du fond de la question qui se trouve déjà bien éclaircie par notre travail imprimé et l'excellent rapport de la commission.

J'ai un profond regret que nos honorables collègues qui paraissent ne pas approuver le projet, aient quitté l'assemblée sans nous faire connaître leurs objections. J'y aurais répondu, comme je suis prêt à répondre aux explications qui nous seraient demandées par les conseillers présents.

Un autre membre/ En toute affaire, la constatation des faits qui l'ont amenée a une importance préliminaire qu'il est utile d'établir.

Dans celle qui nous occupe en ce moment, cette nécessité est d'autant plus grande, qu'elle a une gravité immense et exceptionnelle.

C'est pourquoi je viens compléter, par quelques explications, ce qu'a dit mon honorable collègue et ami.

Je n'ai pas à rappeler au Conseil tout ce qui s'est passé jusqu'en 1843, au sujet de la question d'émancipation ; chacun ici connaît les communications adressées par le Gouvernement métropolitain aux Gouverneurs et aux différents Conseils ; les appels faits aux colons, on peut même dire leur mise en demeure, pour qu'ils ussent à indiquer les moyens d'exécuter la réforme coloniale, que dès lors on déclarait être résolue, en principe.

Aucun esprit tant soit peu clairvoyant ne peut méconnaître que le Gouvernement n'a cessé d'être préoccupé vivement de cette question, et que s'il agit avec lenteur devant la crainte de désastres possibles, il n'en marche pas moins irrésistiblement vers son but.

A côté de cette question générale et flagrante pour toutes les colonies, s'en rencontre une autre spéciale et qui a peut-être pour nous encore plus d'importance.

La Guyane commençait à peine, il y a quinze ans, à donner quelques signes de prospérité présageant qu'elle allait enfin sortir de sa longue enfance, lorsqu'a commencé pour elle la décadence produite par les causes qui pèsent si fatalement sur toutes les colonies, depuis cette époque.

· Cette décadence s'accroît chaque jour, et déjà l'on peut calculer le moment où, si les choses ne se modifient pas, la colonie aura cessé d'exister.

C'est préoccupés de la réorganisation, de la colonisation de la Guyane, que mon collègue et moi sommes arrivés à l'émancipation, comme moyen obligé.

En effet, il n'y a aucun changement à obtenir, à espérer même, avant la transformation de la condition de nos travailleurs. Je pourrai citer bien des faits à l'appui de cette opinion ; j'en indiquerai un seul :

Le Conseil a, dans ses archives, la réponse ministérielle faite à son adresse au Roi, dans laquelle il réclamait les règlements ou ordonnances nécessaires à la répression du vagabondage. Quelle a été cette réponse, signée de l'amiral DUPERRÉ? Que cette matière ne pourra être traitée qu'après que l'émancipation aura été prononcée.

En 1843 , M. Sauvage arrivait en France parfaitement instruit des opinions du Conseil colonial et de la disposition générale des esprits à la Guyane. On l'avait même encouragé à profiter de son séjour à Paris pour étudier et proposer quelque remède aux maux de la colonie.

J'étais moi-même dans la Métropole depuis une année ; j'avais suivi, avec l'attention qu'elles méritent, et la question générale et celle de la colonisation projetée par MM. *Jules* Lechevalier, Ternaux-Compans et Joly de Lotbinière.

Je dois me réunir ici à ce qu'a dit mon collègue sur M. *Jules* Lechevalier, devenu notre collaborateur.

Après avoir mûrement réfléchi sur la gravité de nos actes et avoir reconnu qu'ils ne pouvaient, en aucun cas, engager ni compromettre la colonie, tandis qu'ils pouvaient, d'autre part, lui être d'une immense utilité, nous rédigeâmes nos propositions imprimées.

M. le Délégué eut, avant tout, à y donner son attache officielle.

La conduite de M. Favard a été pleine de prudence et de sagesse ; il réfléchit longuement, examina ses pouvoirs et les actes du Conseil colonial, et n'hésita pas ensuite à apposer son adhésion à notre travail qui fut aussitôt remis au Gouvernement.

Je prie le Conseil de bien le remarquer, l'approbation du Délégué et celle du Conseil colonial *étaient acquises d'avance à nos propositions.*

Le préopinant vous a représenté l'acte voté dans la séance du 17 mai 1843.

Toutes les conditions qu'il contient se retrouvent dans nos propositions ; mais elles y sont ramenées à une combinaison pratique presque facile, plus avantageuse aux colons et acceptable par le Gouvernement qui a déjà accordé la plus importante dans d'autres circonstances (garantie donnée au chemin de fer d'Orléans).

Le Conseil voudrait-il désapprouver son Délégué pour avoir suivi ses instructions *données par un vote?*

Il est impossible de le supposer.

Je me borne à ce peu de mots ; Messieurs, comme M. Sauvage, j'éprouve une vive peine de ce que le Conseil colonial ne soit pas au complet. Si des objections avaient été soulevées, nous les eussions combattues facilement, aidés de l'honorable rapporteur de la commission.

La crainte d'être en minorité n'aurait pas dû arrêter les adversaires du projet, s'il en existé au sein du Conseil.

Dans une question où il ne s'agit point d'engager la colonie, lorsque le Conseil a simplement et uniquement à exprimer une opinion sur une question vitale pour elle, la majorité et la minorité du Conseil ont un juge, Messieurs, c'est le Gouvernement du Roi. Si l'on pouvait admettre que la raison fût du côté d'un seul, et l'erreur du côté de l'unanimité, moins celui-là, soyez-en convaincus, l'opinion de la majorité ne prévaudrait pas, et la raison triompherait !

Un 3ᵉ membre : Messieurs, j'ai écouté avec beaucoup d'attention et d'intérêt, les explications qui nous ont été données par les deux orateurs, auteurs du nouveau projet de colonisation concernant la Guyane. Pour moi, en présence de l'émancipation qui nous menace et de la mortalité annuelle dépassant les naissances, ces deux causes qui entraîneront infailliblement la ruine totale de la colonie, toute idée qui tendra à maintenir la propriété ou à garantir sa valeur aux mains du colon sera une idée heureuse, une idée à laquelle on devra applaudir.

Je ne me le dissimule pas, Messieurs, le principe de l'émancipation, si ardemment désirée par tant de gens auxquels les colonies sont presque totalement inconnues, a fait d'immenses progrès ; je ne suis pas du tout de ceux à qui le *statu quo* apparaît comme ayant encore un avenir de longue durée ; aussi ne serai-je pas par système porté à ne pas même laisser prononcer en ma présence le moindre mot qui se rapporterait à une modification quelconque dans le régime de la société coloniale. Cependant, cette disposition d'esprit n'est pas une raison pour moi qui doive me faire approuver (ce que du reste, je ne me permetterais jamais, qu'en mon nom privé, et non sans mandat préalable en mon caractère public) un projet quel qu'il soit, avant d'en avoir parfaitement saisi le sens et la portée.

Le plan présenté par MM. H. SAUVAGE et Ad. DE Sᵗ-QUANTIN, comparé aux projets qui l'ont devancé et dont vous avez déjà eu l'occasion de faire l'examen, réunit-il mieux que ces projets les conditions de réussite, en ce sens que les intérêts de la population qui nous entoure ne seront pas compromis ?

Voilà, ce me semble, la véritable question qui doit nous préoccuper. Disons-le sans hésiter : beaucoup de bons esprits dans le pays ont accueilli avec une extrême défiance ce projet que tant d'hommes éminents de la

Métropole ont goûté comme reposant sur des idées de conciliation , entre les droits des propriétaires colons et le principe de transformation sociale qui s'accrédite de plus en plus tous les jours.

Cette défiance, Messieurs, est honorable, chez ceux qui l'ont manifestée ; la répulsion du projet le serait même, parce que dans leur désir du bien général, ils croient voir succéder à un ordre de choses très-précaire, sans doute, un avenir de désolation anéantissant, pour beaucoup de gens, leurs faibles moyens d'existence.

Ces craintes , Messieurs , je les partage jusqu'à un certain point ; toutefois, je dois l'avouer, à un moins haut degré que ceux qui ont pu s'exprimer devant moi, et dont je dois pour ma conscience, vous exposer la manière de voir.

Ce projet, disent ceux qui le combattent, n'est pas acceptable :

1° Parce qu'il nous porte comme prenant l'initiative dans la question d'émancipation ;

2° Parce qu'aucune des parties de la population, les grands propriétaires, ceux d'une position moins aisée, les petits propriétaires, les négociants, les marchands se trouveront dans une position pire que celle déjà peu favorisée dans laquelle vous les voyez.

Le danger de prendre l'initiative dans la question d'émancipation, nous le voyons, disent-ils, dans ce que les abolitionnistes , ne s'attachant d'une manière assez religieuse aux vœux des colons, ne verront de leur part que leur adhésion à cette grande mesure, s'empareront de cette adhésion, la leur représenteront comme étant leur œuvre, et se déchargeront sur eux-mêmes de l'immense responsabilité inséparable et de cette colossale transformation. Ils négligeront, comme on l'a fait jusqu'ici, de se pénétrer que les colons tiennent à l'état actuel, uniquement parce que leur fortune est toute dans les conditions de cet état actuel, et qu'ils ne repoussent l'émancipation que parce qu'elle est la destruction d'une propriété fondée et acquise sur l'empire des lois qui les ont régis jusqu'ici. .

Ils céderont, ces abolitionnistes, à des considérations qu'ils croiront être d'ordre public ; l'émancipation sera proclamée, et les colons ruinés n'auront plus que le regret d'avoir, par un vœu imprudent, avancé une conclusion qui, venue plus tard, eut été moins désastreuse pour leurs intérêts. Quant aux grands propriétaires, la mesure dont il s'agit, ne les ruinera pas complétement, ils auront la ressource de réaliser leur fortune, ce qu'il feront indubitablement, et s'en iront jouir de leurs débris dans la mère patrie, mais eux aussi n'ont qu'à perdre à l'adoption du projet présenté. Quant au propriétaire d'une position moins aisée, l'examinant et le suivant par la pensée jusqu'à ses dernières conséquences, le projet présenté doit avoir le résultat de mettre à la disposition de tout propriétaire la valeur de son habitation, en une inscription lui représentant 3 p. o∤o de rente de son capital.

Celui qui ne possèdera qu'une valeur de 5o à 6o,ooo fr., que deviendra-t-il avec une rente de 1,5oo ou 1,8oo fr., pour lui et toute sa famille, car on ne peut admettre raisonnablement que chacun de ceux qu'atteindra la réalisation du projet puisse trouver un emploi qui doive compléter les ressources qui lui manqueront?

Ce sera bien plus à redouter encore pour celui qui n'a qu'un capital de 8 ou 10,000 fr. et dont le produit, parce qu'il est celui de deux ou trois individus non libres, avec lesquels il travaille en commun, suffit à entretenir toute sa famille.

Le nombre des habitants de cette catégorie est considérable dans la colonie, on ne doit pas cesser un instant de penser à eux, ceux-là méritent toute notre sollicitude, ceux-là seraient perdus, sans moyens de se soutenir.

Mais, ces objections que je prie mes honorables collègues, les présentateurs du projet, de prendre en considération et d'apprécier comme peuvent le mériter toutes les idées de nos compatriotes, les colons, ne sont pas les seules qui ont été élevées contre le projet.

Une grande partie de la colonie est sous le poids d'une dette considérable ; ne doit-on pas redouter à un haut degré, le droit des créanciers de chercher, au jour où ils croiront qu'une somme liquide va être comptée à leurs débiteurs, à réaliser leurs créances.

Ces créanciers armés des dispositions de la loi qui jamais ne cesseront d'être en vigueur, se montreront d'autant plus exigeants, qu'ils seront plus près de leurs recouvrements, ils recevront de l'État, en paralysant dans ses mains, par les saisies, les valeurs qui appartiendront à leurs débiteurs et les moyens d'existence qu'ont encore à leur disposition quelques colons, cesseront d'une manière absolue.

Voilà, Messieurs, quelques objections que, sans prétention aucune, j'ai pris la liberté de vous présenter, je vous le répète, bien que j'aie été touché du travail consciencieux que vous a lu l'honorable rapporteur de votre commission et que j'aie pu modifier quelques unes de mes opinions, j'ai cru de mon devoir, comme attaché de cœur au pays et à ses habitants, de vous signaler les quelques craintes qui ont été exprimées en ma présence.

Le premier orateur répond en ces termes :

Notre honorable collègue a signalé diverses objections faites au projet et entre autres, le danger d'une initiative quelconque prise par des colons dans la question d'émancipation, initiative qui aurait peut-être pour conséquence, l'adoption de la mesure séparée de la garantie d'intérêt.

On ne peut s'arrêter à une pareille objection. Le Gouvernement français a trop de loyauté pour procéder ainsi. Notre proposition ne peut être scindée. La garantie est la conséquence de la mesure; et d'ailleurs si le Gouvernement ne voulait pas agir avec équité, aurait-il besoin de prétexte? N'a-t-il pas la puissance nécessaire pour faire l'émancipation, quand et comme il voudra? s'il procède avec lenteur, n'est-ce pas qu'il veut éviter d'être injuste?

Notre initiative, au contraire, aura ce grand avantage de répondre aux reproches si souvent faits aux colons, et entre autre récemment par M. le comte DE MONTALEMBERT, à la tribune de la Chambre des Pairs, qu'ils veulent conserver l'esclavage, par amour pour l'esclavage. Elle prouvera notre bonne foi et que nous sommes prêts à entrer dans la voie des réformes, lorsque nous ne sommes pas trop exposés à y périr.

Quant aux objections relatives aux différents intéressés dans la colonie, notre travail imprimé et le rapport de la commission nous semblent les avoir victorieusement résolues.

Je profite du moment où j'ai la parole pour répondre à l'opinion que M. SENEZ a lue au Conseil, à la suite du rapport de la commission.

Il commence par mettre en doute la compétence du Conseil.

Cette question n'a rien de sérieux, car outre qu'elle est posée tardivement, puisque notre collègue aurait dû la soulever lors de la nomination de la commission, *dont il a fait partie*, le Conseil a reconnu formellement sa compétence, par l'examen de divers projets de même nature et surtout du projet *Jules* LECHEVALIER, en 1843, ainsi que je l'ai déjà indiqué.

Admettre, d'ailleurs, que le Conseil n'a point le droit, d'après la loi qui le constitue, d'exprimer une simple opinion sur toutes les matières qui intéressent la colonie, serait lui retirer l'une de ses principales attributions.

Il m'est difficile de comprendre comment notre honorable collègue a pu supposer un moment, qu'il se trouverait un nombre tant soit peu considérable de propriétaires qui n'accepteraient la garantie d'intérêt, qu'afin de réaliser leur capital et *fuir* la Guyane.

Le Conseil l'a reconnu dans la délibération de 1843, déjà citée, trois ou quatre propriétaires peut-être, auraient cette faculté, s'ils en avaient le désir; mais quel que soit le changement qui s'opérera dans la colonie, la très-grande masse des propriétaires y restera et utilisera de son mieux son industrie. Une population entière n'émigre pas du sol natal, surtout quand une grande entreprise y jette des capitaux et ouvre ainsi une source de bénéfices dont elle n'avait jamais joui jusqu'alors.

Est-il vrai que la majorité des propriétaires soit grandement obérée et que le projet soit contraire à leurs intérêts? Je persiste à dire le contraire, comme l'a établi le rapport de la commission, et je soutiens encore que les propriétaires obérés et leurs créanciers, seront également satisfaits par une combinaison qui permettra une liquidation, au moyen de transactions avantageuses et *préalables*.

Si les créanciers ne sont point rigoureux, dans l'état actuel des choses, ils le seront encore bien moins quand ils termineront, avec quelques sacrifices, d'anciennes affaires dont aujourd'hui ils ne peuvent espérer de voir la fin.

Enfin, la dette coloniale réelle, est infiniment moins élevée qu'on ne le suppose généralement.

Je le répète, Messieurs, aucun propriétaire ne pourra craindre une saisie avant d'avoir converti son habitation en actions de la compagnie, et aucun d'eux ne convertira, avant d'avoir opéré les transactions qui lui seront nécessaires.

Quant aux petits propriétaires, il n'y a rien à ajouter à ce qu'en a dit le rapport de la commission; j'espère que l'avenir prouvera contrairement à l'avis de M. Senez, et ainsi que nous l'avons déclaré dans notre travail imprimé, que *la grande majorité de nos compatriotes en nombre de personnes et en chiffre de propriétés, donnera son adhésion au projet.*

4

Quant à l'agiotage considéré comme possible sur des actions garanties par l'État, il faut pour éprouver cette crainte, être complétement étranger à la valeur des rentes, et la moindre information doit rassurer les plus timorés. Si M. Senez entend que l'agiotage s'opérera sur les actions, lorsqu'elles seront au-dessus du pair, les propriétaires n'ont rien à perdre, mais il est impossible de supposer un seul instant qu'elles descendent au-dessous de la valeur du 3 p. o[o.

Enfin, dans toute l'argumentation de M. Senez et dans ses conclusions, il pose en fait ce qui justement est en question et ce que le Conseil, je l'espère, demandera au Gouvernement d'examiner. Il ne dit pas un mot de l'état de misère générale où se trouve la colonie, et de l'éventualité menaçante d'une émancipation qui lui sera certainement imposée.

Je terminerai par une dernière et grave considération; s'il était possible que des colons fussent assez aveugles et assez imprudents, pour repousser une combinaison qui leur garantit la presque totalité du capital engagé, ils prêteraient une arme terrible à ceux qui les accusent de vouloir conserver à toujours l'esclavage, et leurs amis actuels perdraient toute force pour les défendre. Le Conseil ne peut soutenir de pareils principes, surtout lorsque dans tous les temps, il a déclaré qu'il repoussait l'émancipation, uniquement comme pouvant compromettre les intérêts des propriétaires.

Le second orateur : Messieurs, je demande à ajouter quelques mots à ce qu'a dit le préopinant :

Ce serait bien à tort que le petit commerce et les petites industries seraient effrayés de la constitution de la compagnie, qui sera purement et uniquement *agricole*. Toute navigation, tout commerce lui sera interdit; le monopole sera impossible, et ne serait d'ailleurs pas permis, puisque la compagnie agirait sous l'influence du Gouvernement, qui ne tolère aucune espèce de monopole; ceux auxquels je fais allusion n'auront qu'à gagner si le projet est mis à exécution. Nous l'avons signalé ailleurs, le fait d'une colonie constituée en compagnie n'est pas nouveau, et je citerai entre autres, Java, où beaucoup de gens vivent fort bien, *malgré*, et peut-être *à cause* de l'état de choses qui la régit. Nous n'osons espérer, au moins dans un avenir prochain, une prospérité pareille à celle de la colonie néerlandaise que je cite.

On a parlé des adversaires du projet : si l'on déduit parmi eux :

1° Ceux qui basent leur opinion sur ce que l'émancipation ne se fera pas;

2° Ceux qui pensent que le Gouvernement ne veut pas du projet, puisqu'il ne l'a pas accepté tout d'abord ;

3° Ceux qui ne le connaissent pas.

Le nombre des opposants sera bien minime.

M. Vidal de Lingendes :

Comme rapporteur de la commission, j'aurais pu résumer la discussion et répondre en détail à tous les arguments qui ont été présentés avec habileté contre le projet, par l'un des préopinants, M. Emler. Sans se prononcer lui-même, il n'a négligé aucun des moyens qu'on peut opposer à la proposition. Mais il me paraît que tous ces moyens, dont la plupart ont déjà été examinés dans le rapport de la commission, sont victorieusement réfutés par les membres du Conseil qui ont soutenu la proposition. Je dois rappeler encore, toutefois, que, si je n'ai pas énoncé dans le rapport les opinions de M. Senez, qui a formé la minorité de la commission, c'est que j'avais cru tous les membres de la commission d'accord ; et que c'est lors de la séance qui a précédé celle du Conseil, dans laquelle le rapport devait être lu, que les objections de M. Senez ont été présentées. Il a été, alors, convenu avec lui que le rapport n'éprouverait pas de retard, et qu'il serait lu au Conseil une note exprimant la pensée de la minorité, ce qui a été fait. Il a été, au reste, répondu encore avec force, aux objections présentées dans cette note, au sujet des créanciers et des petits propriétaires. Quant à la possibilité d'un agiotage qui ferait descendre les actions de la compagnie au-dessous de 4 p. 0/0, on vous a déjà démontré que cette opinion n'était pas soutenable.

Les autres objections de la minorité reposent encore sur une assertion qui n'est nullement prouvée. Les débiteurs, dit-on, et les petits propriétaires repoussent le projet, ils forment la majorité des colons, donc la colonie ne veut pas du projet. Mais c'est précisément ce qui est à démontrer. Si on venait vous apporter les signatures de la grande majorité des propriétaires des deux catégories ci-dessus indiquées, alors on pourrait raisonner comme on le fait. Mais où est cette preuve ? l'assertion peut être détruite par une dénégation. Nous ne procédons pas ainsi ; nous avons seulement essayé de démontrer que les intérêts des débiteurs ne seraient pas aussi lésés qu'on le croit par l'adoption du projet, et que ceux des petits propriétaires gagneraient à cette adoption, mais nous ne disons pas encore qu'ils veulent du projet; nous demandons seulement que le Gouvernement, après examen, *présente le projet à l'adoption des colons de la Guyane.* Alors, si, comme on l'avance, la grande majorité des colons est opposée au projet, elle se prononcera par un refus. Jusque-là, on ne peut pas dire que cette majorité repousse le projet, parce qu'elle n'a pas exprimé d'opinion, et qu'elle ne le fera d'une manière définitive que quand le Gouvernement aura, quant à lui, laissé apercevoir la possibilité de l'exécution du projet.

Aucune des raisons exprimées ne peut donc, nous le répétons, détruire la convenance de la demande d'examen de la part du Gouvernement, avec présentation préalable à l'adoption des colons.

On a insisté sur le danger qu'il y aurait pour les colons de prendre l'initiative d'un projet d'émancipation. On vous a dit que le Gouvernement pourrait s'emparer de cette initiative, en ce qui concerne l'émancipation, en laissant de côté les garanties que les colons demandent. Si cela était possible, il faudrait s'arrêter. Mais on vous a prouvé que cette crainte était tout à fait chimérique. Déjà la Guyane et d'autres colonies ont déclaré *qu'elles acceptaient l'émancipation, pourvu qu'on les indemnisât, non-seulement de la propriété des esclaves, mais encore des propriétés immobilières que ceux-ci exploitent.* On aurait pu dire aussi alors que c'était une initiative, et que le Gouvernement pouvait s'emparer du consentement des colons à l'émancipation, en rejetant les conditions d'indemnité générale et préalable qu'ils réclamaient. Cela n'a pas été fait, cela ne peut se faire. Comme on vous l'a dit, le Gouvernement achèvera l'émancipation quand il le voudra et comme il le voudra. Il ne prendrait pas un subterfuge pour arriver à ce but, et nous avons confiance en sa justice et sa loyauté.

M. le Président déclare que la discussion sur le projet de MM. Ad. DE Sᵗ-QUANTIN, H. SAUVAGE et J. LECHEVALIER est close.

Un membre demande la parole et s'exprime en ces termes :

Vous le savez, Messieurs, le Conseil, par la démission de M. SIMIAN, se compose en ce moment de quinze membres, au lieu de seize.

MM. MATHEY et CANDOLLE sont en France ;

MM. C. MARTIN et URSLEUR ont obtenu des congés, pour des raisons légitimes ;

M. VIGUÉ nous a quittés hier, à son grand regret, pour se rendre aux élections du 6ᵉ collége, où sa présence était réclamée impérieusement.

Enfin, une minorité de quatre membres, en quittant l'assemblée, rend un vote régulier impossible.

En cet état de choses, je propose aux membres présents de donner leur adhésion individuelle aux conclusions de la commission sur la minute du rapport, et dans les termes suivants :

« Nous soussignés, déclarons adhérer individuellement aux conclusions » de la majorité de la commission présentées par son rapporteur et consi- » gnées dans le présent. »

Chacun de MM. les conseillers appose sa signature à cette déclaration mise au bas de la minute du rapport, de la manière suivante :

VIDAL DE LINGENDES, F. COUY, C. LALANNE, G. EMLER, Ad. DE St-QUANTIN et H. SAUVAGE.

M. COUY quitte le fauteuil de la présidence, qui est occupé par M. Ad. DE St-QUANTIN, vice-président.

La séance est levée.